NOTE MINISTÉRIELLE

DU 7 AOUT 1897

PORTANT MODIFICATIONS

AUX

INSTRUCTIONS DES 16 NOVEMBRE 1887, 18 MARS 1889

10 OCTOBRE 1892 ET 8 AOUT 1895

SUR LE

SERVICE DE L'HABILLEMENT

ET RELATIVE AU

RECOUVREMENT DE LA VALEUR DU MATÉRIEL

(Extrait du *Journal militaire*, 2ᵉ sem. 1897; n° 23.)

PARIS

LIBRAIRIE MILITAIRE DE L. BAUDOIN

IMPRIMEUR-ÉDITEUR

30, Rue et Passage Dauphine, 30

1897

NOTE MINISTÉRIELLE

DU 7 AOUT 1897

réglant la marche à suivre pour assurer le recouvrement, à la fin de chaque trimestre, de la valeur du matériel du service de l'habillement et du campement livré, à charge de payement, aux corps de troupe et établissements considérés comme tels, soumis au régime de la masse d'habillement et d'entretien, et portant modification aux instructions des 16 novembre 1887-18 mars 1889, 10 octobre 1892 et 8 août 1895, pour l'application des règlements de mêmes dates sur le service de l'habillement dans lesdits corps et établissements.

(5º Dir.; Habill., Campem., Lits milit. et Invalides.)

En vue d'assurer le recouvrement, à la fin de chaque trimestre, de la valeur :

1º Du matériel du service de l'habillement et du campement livré, par les magasins administratifs, à la masse d'habillement et d'entretien des corps de troupe, des écoles militaires et des établissements pénitentiaires ;

2º Du matériel dudit service, prélevé au profit de cette masse sur les excédents existants, par rapport aux nécessaires déterminés par les tableaux d'approvisionnements approuvés par le Ministre, dans les approvisionnements de l'Etat, dont les corps de troupe ont la gestion ;

3º Des effets du service d'instruction délivrés aux condamnés aux travaux publics, pour se rendre aux corps qui leur sont assignés à leur sortie de l'établissement,

Le Ministre a arrêté ce qui suit :

A) Matériel livré par les magasins administratifs.

Toutes les livraisons de matériel faites par les magasins administratifs, à la masse d'habillement et d'entretien des corps de troupe, des écoles militaires et des établissements pénitentiaires donnent lieu à l'établissement, sur papier vert, d'un duplicata à talon (modèle nº 1 ci-annexé) de la facture de livraison (nº 369 de la nomenclature des imprimés) ; mais ce duplicata ne comporte

1

aucun détail et il indique seulement le montant en argent de la facture.

Il est arrêté en toutes lettres.

Au moment où l'officier d'administration comptable livrancier adresse les factures au corps, à la portion de corps, à l'école militaire ou à l'établissement pénitentiaire destinataire, il envoie les duplicata accompagnés de leurs talons au sous-intendant militaire chargé de l'ordonnancement des prestations en deniers de la masse d'habillement et d'entretien pour ces corps, portions de corps, écoles ou établissements.

Dès que le sous-intendant militaire a reçu les duplicata, il en inscrit le montant au registre des pièces d'imputation, puis les remet au corps ou à l'établissement réceptionnaire pour être revêtus de son récépissé et il veille à ce que le renvoi lui en soit fait sans délai.

Le sous-intendant militaire ordonnateur déduit le montant des duplicata de l'état de payement des primes de la masse d'habillement et d'entretien qui lui est présenté en fin de mois.

Il ne mandate que la différence. Si le montant des livraisons est supérieur à celui de l'état de payement, l'excédent est retenu à la fin du mois suivant.

Toutefois, la somme restant due à la fin de chacun des mois de mars, juin, septembre et décembre, sur le montant des livraisons faites dans le courant du trimestre, après les déductions qui ont pu être opérées sur les états de payement des primes de la masse d'habillement et d'entretien concernant le trimestre, est versée au Trésor, au lieu d'être retenue sur le premier état de payement du trimestre suivant.

Le sous-intendant militaire ordonnateur garde les duplicata des corps et établissements dont il est chargé d'arrêter la liquidation et il adresse les autres aux fonctionnaires chargés de ce travail, en se conformant aux règles tracées par l'article 123 du règlement du 29 mars 1890.

Le sous-intendant militaire, chargé d'arrêter la revue, inscrit les duplicata au registre des pièces d'imputation et ne renvoie les talons au comptable livrancier qu'après les avoir complétés par la mention du payement. Ces talons sont annexés aux factures de livraison.

Le montant des déductions faites sur les états de payement de chaque trimestre, est porté au débit du corps ou établissement dans le cadre tracé à cet effet au tableau des prestations de la masse d'habillement.

B) **Matériel prélevé sur les excédents des approvisionnements de l'État.**

La valeur du matériel prélevé sur les excédents des approvisionnements de l'Etat, dont les corps ont la gestion, pour être passée au compte de la masse d'habillement et d'entretien, est déduite sur l'état de payement des primes de ladite masse.

Il est établi dans ce but un duplicata à talon (modèle n° 1) qui, après avoir été revêtu du récépissé du conseil d'administration, est remis, en fin de mois, au sous-intendant militaire en même temps que l'état de payement susvisé.

Il est procédé pour ces duplicata ainsi que pour les remboursements en fin de trimestre comme il est indiqué au paragraphe précédent pour les livraisons faites par les magasins administratifs.

C) **Effets délivrés aux condamnés aux travaux publics à leur sortie de l'établissement.**

Les dispositions ci-dessus, relatives au matériel prélevé sur les excédents des approvisionnements de l'Etat, sont applicables pour les effets cédés par les corps de troupe aux établissements pénitentiaires, pour l'habillement des condamnés à leur sortie de l'établissement.

D) **Dispositions générales.**

La valeur du matériel appartenant à la masse d'habillement et d'entretien cédé à l'approvisionnement de l'Etat est remboursée trimestriellement aux corps de troupe, de même que toutes les avances faites par eux au budget de l'habillement, sur la production de relevés modèle n° 1 *bis* (modèle n° 3 ci-annexé).

Les remboursements de la valeur du matériel, soit livré par les magasins administratifs, soit prélevé sur les excédents des approvisionnements de l'Etat, soit enfin cédé aux établissements pénitentiaires, doivent toujours avoir lieu distinctement ; en outre, il ne doit être fait aucune compensation entre les dettes de la masse d'habillement et d'entretien et les créances à ordonnancer à son profit ; il en est de même en ce qui concerne les dettes et les créances du budget de l'habillement.

Sauf les exceptions prévues à l'article 19 de l'instruction du 16 novembre 1887-18 mars 1889, les échanges d'effets similaires et, le cas échéant, de dimensions différentes, entre l'approvisionnement de corps et celui de l'Etat, par suite des opérations du roulement, ont lieu nombre pour nombre et sans écritures.

Sont modifiés :

1° Instruction du 16 novembre 1887-18 mars 1889 relative à l'application du règlement de mêmes dates sur le service de l'habillement dans les corps de troupe.

ARTICLE 10.

Ajouter les 7 alinéas suivants :

« Le sous-intendant militaire chargé de l'ordonnancement des prestations en deniers de la masse d'habillement et d'entretien, déduit de ces états le montant des duplicata des factures de livraisons des effets faites au corps par les magasins administratifs pendant le mois que l'ordonnancement concerne.

« Il déduit également de ces états la valeur du matériel prélevé sur les excédents des approvisionnements de l'Etat, dont le corps a la gestion, pour être passé au compte de la masse d'habillement et d'entretien pendant ce même mois.

« Il ne mandate que la différence. Si le montant des livraisons et du prélèvement est supérieur à celui de l'état de payement, l'excédent est retenu à la fin du mois suivant.

« Toutefois, la somme restant due à la fin de chacun des mois de mars, juin, septembre et décembre, sur le montant des livraisons faites et des prélèvements effectués dans le courant du trimestre, après les déductions qui ont pu être opérées sur les états de payement des primes de la masse d'habillement et d'entretien concernant le trimestre, est versée au Trésor au lieu d'être retenue sur le premier état de payement du trimestre suivant.

« La valeur du matériel appartenant à la masse d'habillement et d'entretien cédé à l'approvisionnement de l'Etat est remboursée trimestriellement au corps, de même que toutes les avances faites par lui au budget de l'habillement, sur la production d'un relevé modèle n° 1 *bis* annexé au règlement sur la comptabilité et l'administration des corps de troupe.

« Les remboursements de la valeur du matériel, soit livré par les magasins administratifs, soit prélevé sur les excédents des approvisionnements de l'Etat, doivent toujours avoir lieu distinctement ; mais il ne doit être fait aucune compensation entre les dettes de la masse d'habillement et d'entretien et les créances à ordonnancer à son profit ; il en est de même en ce qui concerne les dettes et créances du budget de l'habillement.

« Sauf les exceptions prévues à l'article 19 ci-après, les échanges d'effets similaires et, le cas échéant, de dimensions différentes, entre l'approvisionnement de corps et celui de l'Etat, par suite des opérations du roulement, ont lieu nombre pour nombre et sans écritures. »

ARTICLE 19.

Les quatre premiers alinéas sans changement.
Nouvelle rédaction des alinéas suivants :

« Si, conformément au principe du roulement, les effets reçus des magasins administratifs au titre du service courant doivent être échangés au service de réserve contre des effets de même nature, mais de modèles ou de types différents et qui, d'après les tarifs ministériels, ont une valeur différente, les corps versent au Trésor les différences de prix constatées, ou bien en poursuivent le remboursement.

« Dans ces circonstances il est procédé comme il suit :

« *A*) Les effets passés à la masse d'habillement et d'entretien sont d'un prix supérieur à ceux passés à la réserve de guerre,

« Le montant de la différence est versé au Trésor.

« *B*) Les effets passés à la masse d'habillement et d'entretien sont d'un prix inférieur à ceux passés à la réserve de guerre,

« Le corps est remboursé de la différence sur la production d'un relevé modèle nº 1 *bis*.

« Deux cas sont à envisager :

« 1º Le matériel du service de réserve (autre que celui dont la nomenclature est donnée au tableau nº 1 et les caisses et cantines ainsi que les étuis de gamelles individuelles de cavalerie) a été déclassé après avoir été mis en service pour les périodes d'instruction,

« Dans ce cas, la différence de valeur est supportée par la masse d'habillement et d'entretien, cette masse ayant fait recette des primes journalières attribuées aux militaires convoqués ;

« 2º Le déclassement du matériel de réserve provient de toute autre cause, notamment de détériorations résultant d'un long séjour en magasin, détériorations qui ont dû être constatées par des procès-verbaux,

« Dans ce cas, le montant de la dépréciation subie est remboursé au corps sur la production d'un relevé modèle nº 1 *bis*.

« Les créances du corps concernant la différence de valeur ou la dépréciation subie par le matériel échangé entre le service de réserve et le service courant, sont justifiées par des certificats administratifs signés du conseil d'administration et visés par le sous-intendant militaire. »

ARTICLE 22. Paragraphe 4.

Après le troisième alinéa, ajouter l'alinéa suivant :

« La valeur des effets reçus des approvisionnements de l'Etat, dans le courant d'un trimestre, est remboursée dans ce même trimestre, soit par voie de déduction sur les états de payement des primes de masse d'habillement et d'entretien, soit par voie de versement au Trésor. »

2º Instruction du 10 octobre 1892, relative à l'application du réglement de même date sur le service de l'habillement dans les écoles militaires.

ARTICLE 6.

Ajouter les alinéas suivants :

« Le sous-intendant militaire chargé de l'ordonnancement des prestations en deniers de la masse d'habillement et d'entretien déduit de ces états le montant des duplicata des factures de livraisons des effets faites à l'école, par les magasins administratifs, pendant le mois que l'ordonnancement concerne.

« Il ne mandate que la différence, si le montant des livraisons est supérieur à celui de l'état de payement ; l'excédent est retenu à la fin du mois suivant.

« Toutefois, la somme restant due à la fin de chacun des mois de mars, juin, septembre et décembre, après les déductions qui ont pu être opérées sur les états de payement des primes de la masse d'habillement et d'entretien concernant le trimestre, est versée au Trésor au lieu d'être retenue sur le premier état de payement du trimestre suivant. »

3° Instruction relative à l'application du règlement du 8 août 1895 sur le service de l'habillement dans les ateliers de travaux publics et les pénitenciers militaires.

ARTICLE 3.

Ajouter le cinquième alinéa suivant :

« Toutefois, la somme restant due à la fin de chacun des mois de mars, juin, septembre et décembre, après les déductions qui ont pu être opérées sur les états de payement des primes de la masse d'habillement et d'entretien concernant le trimestre, est versée au Trésor au lieu d'être retenue sur le premier état de payement du trimestre suivant. »

4° Décret du 14 janvier 1889 (annexe 1).

Page 88.

Remplacer le tableau concernant le service de l'habillement et du campement par le modèle n° 2 ci-annexé.

Page 151.

Relevé modèle n° 1 *bis* à remplacer par le modèle n° 3 ci-annexé.

5° Nomenclature des imprimés de la guerre.

Le modèle n° 1 ci-annexé remplace le modèle 195 M.
Le modèle n° 4 ci-annexé remplace le modèle 205.
Sont abrogées :

1° Les dispositions de la circulaire du 30 mars 1893, n° 1, relative à la comptabilité des dépenses engagées, chapitre 34, faisant l'objet des alinéas cotés 1° à 8° inclusivement ;

2° La note ministérielle du 28 mai 1895 modifiant et complétant les dispositions de la circulaire précitée du 30 mars 1893.

Les dispositions contenues dans la présente note seront appliquées pour la première fois aux opérations afférentes au 3e trimestre 1897.

e CORPS D'ARMÉE *ou* (1) d MILITAIRE	# SERVICE ## DE L'HABILLEMENT ### ET DU CAMPEMENT.

PLACE
d
—

Nᵒ d'enregistrement
au journal
des comptes-matières.

(2)

(1) Gouvernement *ou*, en Afrique, division.
(2) Désigner l'établissement *ou* le corps *ou* la portion de corps de troupe livrancier.
(3) Désigner le corps *ou* la portion de corps réceptionnaire.
(4) En toutes lettres.

TALON DU DUPLICATA
DE FACTURE DE LIVRAISON.

SORTIE RÉELLE.

Partie prenante (3). {

Le Sous-Intendant militaire chargé de la surveillance administrative de   certifie que le duplicata de facture dont ce talon est détaché a été inscrit sous le nᵒ   au registre des pièces d'imputation tenu par lui et que la somme de (4)

, montant de la facture, a été payée comme il suit :

La somme de

a été imputée sur la revue de liquidation du   e trimestre 18   .

Celle de
a été versée au Trésor le   suivant récé pissé nᵒ   .

A   , le   48   .

e CORPS D'ARMÉE
ou
(1) d   MILITAIRE

PLACE
d
—

Nᵒ d'enregistrement
au journal
des comptes-matières.

(1) Gouvernement *ou*, en Afrique, division.
(2) Désigner l'établissement *ou* le corps *ou* la portion de corps de troupe livrancier.
(3) Livraison *ou* expédition.
(4) Livrés *ou* expédiés.
(5) En toutes lettres.
(6) Désigner le corps *ou* la portion de corps.
(7) Le conseil d'administration *ou* le commandant.

SERVICE
DE L'HABILLEMENT
ET DU CAMPEMENT.

MODÈLE Nᵒ 4.

Nᵒ 493 M
de la Nomenclature.

Note ministérielle
du 7 août 1897.

DUPLICATA
DE FACTURE D (3)

SORTIE RÉELLE.

DUPLICATA de la facture des matières et et objets (4)   à (6)   en exécution de l'ordre d

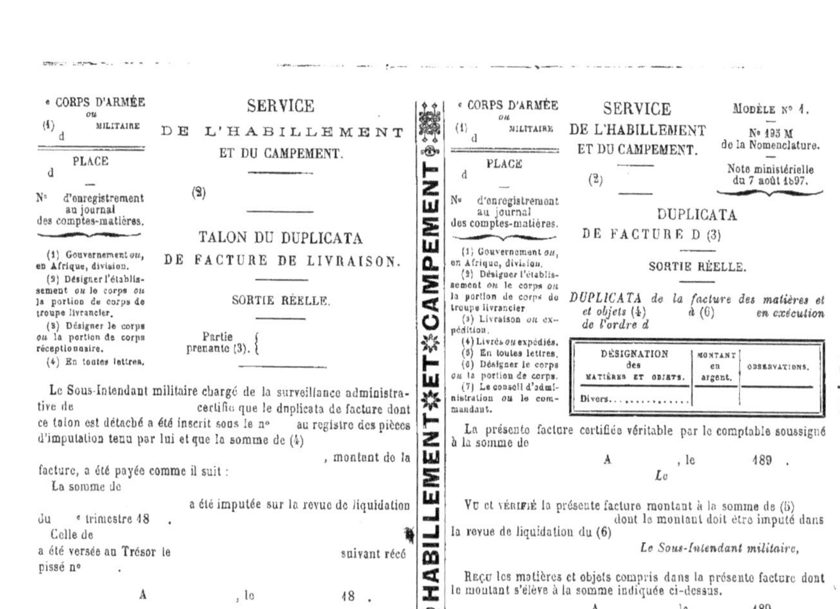

DÉSIGNATION des MATIÈRES ET OBJETS.	MONTANT en argent.	OBSERVATIONS.
Divers................		

La présente facture certifiée véritable par le comptable soussigné à la somme de

A   , le   189   .
Le

VU et VÉRIFIÉ la présente facture montant à la somme de (5)
dont le montant doit être imputé dans la revue de liquidation du (6)

Le Sous-Intendant militaire,

REÇU les matières et objets compris dans la présente facture dont le montant s'élève à la somme indiquée ci-dessus.

A   , le   189   .
Le (7)

VU et VÉRIFIÉ :
Le Sous-Intendant militaire,

TABLEAU

indiquant le détail par nature de dépenses à présenter sur les relevés 1 bis destinés à obtenir le remboursement des avances faites pour l'exécution du service de l'habillement et du campement.

1.

HABILLEMENT ET CAMPEMENT.

DÉTAIL PAR NATURE DE DÉPENSES.

1re CATÉGORIE.							2e CATÉGORIE.					
Valeur des effets expédiés aux prisons militaires.	Valeur des effets distribués aux officiers de la réserve et de l'armée territoriale n'ayant pas reçu de première mise d'équipement ou ne provenant pas de l'armée active.	Moins-value des effets distribués aux adjudants de la réserve et de l'armée territoriale ne provenant pas des adjudants de l'armée active.	Indemnité pour conservation d'une tenue aux gendarmes de l'armée active passant dans la réserve ou dans l'armée territoriale.	Réparations aux ustensiles de campement.	Lavage et réparations des effets de couchage.		Frais de gestion et de bureau.	Achats d'ingrédients et objets nécessaires pour la conservation des effets.	Retouches, réparations et dépréciation du matériel de réserve; pertes et dégradations par cas de force majeure; valeur des effets de petit équipement distribués par les corps de la marine aux hommes venus de l'armée de terre.	Différence de prix entre les effets de modèle différent.	Secours accordé par le Ministre.	
7	8	9	10	11	12	13	14	15	16	17	18	19

3e CATÉGORIE.				4e CATÉGORIE.					MONTANT des colonnes 7 à 28. — Sommes à admettre en liquidation.	OBSERVATIONS.
Remboursement de la valeur des effets cédés aux établissements pénitentiaires.	Remboursement de la valeur des effets cédés aux corps de troupe relevant des départements de la marine et des colonies.	Remboursement des sommes versées indûment au Trésor.		Achats (1).	Livraisons d'effets par l'approvisionnement de corps à la réserve de guerre.	Confections.	Transformations.			
20	21	22	23	24	25	26	27	28	29	30

(1) Les chiffres à inscrire dans cette colonne ne peuvent provenir que de l'achat de certains effets indiqués au tableau no 1 annexé au règlement sur le service de l'habillement, que les corps de troupe ont été éventuel-lement autorisés à se procurer dans le commerce ou des effets qu'ils ont été chargés de faire confectionner avec des matières payées par eux.

Les numéros des colonnes correspondent à celles du relevé modèle 1 bis.

MINISTÈRE
DE LA GUERRE.

5ᵉ DIRECTION.
—
SERVICES ADMINISTRATIFS.
—
4ᵉ BUREAU.
—
HABILLEMENT, CAMPEMENT,
LITS
MILITAIRES ET INVALIDES.

FORMAT DU PAPIER :
Haut. 0ᵐ,36 ; larg. 0ᵐ,23.

NOTA.— Classer les pièces
de dépense dans l'ordre chro-
nologique des dates de payement.

MODÈLE Nº 3.

EXERCICE 189 .

MODÈLE Nº 1 *bis*
annexé au décret du
14 janvier 1889.

Déposé cejourd'hui et
inscrit immédiatement
sous le nº   au registre
spécial des pièces de
comptabilité.
A   , le   189 .
Le Sous-Intendant
militaire,

(1) 1ʳᵉ section. Service
ordinaire.
2ᵉ section. Dépenses ex-
traordinaires.

CHAPITRE   ,   ᵉ PARTIE, ARTICLE   DU BUDGET.

(1) ᵉ SECTION

SERVICE DE L'HABILLEMENT ET DU CAMPEMENT.

(Corps) :

RELEVÉ DES DÉPENSES

faites par le corps pendant le   ᵉ trimestre 189 .

PIÈCES JUSTIFICATIVES.

AVANCES **FAITES PAR LE CORPS, ETC.**

NUMÉROS d'ordre			NATURE		NOMS et QUALITÉS des créanciers.	1re CATÉGORIE.									2e CATÉGORIE.				3e CATÉGORIE.				4e CATÉGORIE.					MONTANT des colonnes 7 à 28. — Sommes à admettre en liquidation.	OBSERVATIONS.
au présent relevé.	de la dépense (deniers).	de l'entrée (matières).	Nombre.	NATURE.		Valeur des effets expédiés aux prisons militaires.	Valeur des effets distribués aux officiers de la réserve ou de l'armée territoriale n'ayant pas reçu de première mise d'équipement ou ne provenant pas de l'armée active.	Moins-value des effets distribués aux adjudants de la réserve et de l'armée territoriale ne provenant pas des adjudants de l'armée active.	Indemnité pour conservation d'une tenue aux gendarmes de l'armée active passant dans la réserve ou dans l'armée territoriale.	Réparations aux ustensiles de campement.	Lavage et réparations des effets de couchage.		Entretien des approvisionnements spéciaux. Frais de gestion et de bureau.	Achats d'ingrédients et objets nécessaires pour la conservation des effets.	Retouches, réparations et dépréciation du matériel de réserve; pertes et dégradations par cas de force majeure; valeur des effets de petit équipement distribués par les corps de la marine aux hommes venus de l'armée de terre.	Différence de prix entre les effets de modèle différent.	Secours accordé par le Ministre.		Remboursement de la valeur des effets cédés aux établissements pénitentiaires.	Remboursement de la valeur des effets cédés aux corps de troupe relevant des départements de la marine et des colonies.	Remboursement des sommes versées indûment au Trésor.		Achats.	Livraisons d'effets par l'approvisionnement de corps à la réserve de guerre.	Confections.	Transformations.			
1	2	3	4	5	6	7	8	9	10	11	12	13	14	15	16	17	18	19	20	21	22	23	24	25	26	27	28	29	30
					TOTAUX PARTIELS.....																								
					TOTAUX GÉNÉRAUX.....																								

CERTIFIÉ véritable le présent relevé s'élevant à la somme de
conformément au détail et aux pièces justificatives
au nombre de

A   , le   189 .

L (1)

(2) VÉRIFIÉ :
Le Sous-Intendant militaire,

Le relevé s'élève à.........

(A ajouter ou à déduire).....

VÉRIFIÉ et ARRÊTÉ par nous,
Intendant militaire, le présent relevé à la
somme de (3)
laquelle a été ordonnancée ce jour, en un man-
dat sous le n°

A   , le   189 .

Partant, le relevé doit être
arrêté à................

(1) Les membres du conseil d'administration ou L... (désigner le grade) commandant.
(2) Annuler cette mention si l'ordonnancement doit être fait par le sous-intendant militaire.
(3) Annuler cette mention si l'ordonnancement doit être fait par le Ministre.

<table>
<tr><td>

MINISTÈRE
DE LA GUERRE.

5ᵉ DIRECTION.

SERVICES ADMINISTRATIFS

4ᵉ BUREAU.

HABILLEMENT, CAMPEMENT,
LITS MILITAIRES
ET INVALIDES.

Dates :
De l'arrivée des pièces au
bureau de l'habillement, etc.,
le   189 ;
De la remise à la direction
du contrôle, le   189 ;
Du renvoi au bureau de
l'habillement, etc., le 189 .

Pièces à l'appui :
Relevés. . . . .
Pièces diverses. . . . .
TOTAL . . . . .

</td><td>

RÉPUBLIQUE FRANÇAISE.

RAPPORT DE LIQUIDATION.

EXERCICE 189 .

ᵉ TRIMESTRE.

GOUVERNEMENT MILITAIRE D

ᵉ CORPS D'ARMÉE.

ᵉ RÉGION. — DIVISION D

SERVICE DE L'HABILLEMENT ET DU CAMPEMENT.

CHAPITRE   . —   PARTIE. — ARTICLE   DU BUDGET.

(1)   ᵉ SECTION.

</td><td>

MODÈLE Nº 4.

Nº 205
de la Nomenclature.

Note ministérielle
du

Enregistré à la direction
du contrôle, sous le nº

(1) 1ʳᵉ section. — Ser-
vice ordinaire.
2ᵉ section. — Dépenses
extraordinaires.

</td></tr>
</table>

*REMBOURSEMENT aux corps de troupe, aux établissements pénitentiaires, aux écoles militaires
et aux gestionnaires des approvisionnements spéciaux, des dépenses faites pour l'exécution du
service de l'habillement et du campement.* (Art. 17, 96 et 97 du décret du 14 janvier 1889.)

MONTANT des relevés. (Modèle nº 1 *bis*.)	SOMMES dont l'admission est prononcée		
	par le directeur de l'intendance.	par le bureau liquidateur.	par le bureau du contentieux.

NOTA. — Les factures concernant les achats (effets ou objets) que les corps de troupe, etc.,
font pour le compte de l'Etat ne doivent pas comprendre de dépenses d'autre nature, et,
pour obtenir le remboursement de leurs avances, ils produisent des relevés spéciaux de
ces factures.

Les chiffres à porter dans le présent rapport sont fournis, pour chaque corps, établissement pénitentiaire ou école, par le relevé des dépenses (Mod. nº 1 *bis*) et par un état portant
décompte pour les indemnités payées aux gestionnaires des approvisionnements spéciaux.

Les pièces à joindre au soutien du présent rapport sont les copies des pièces originales
fournies aux trésoriers-payeurs généraux, à l'appui des mandats de payement délivrés par
les fonctionnaires de l'intendance.

Les relevés des dépenses seront inscrits dans l'ordre suivant :

Corps de troupe. — Infanterie, chasseurs à pied, zouaves, infanterie légère d'Afrique,
compagnies de discipline, régiments étrangers, tirailleurs algériens, tirailleurs sahariens,
secrétaires d'état-major, commis et ouvriers militaires d'administration, infirmiers militaires, cuirassiers, dragons, chasseurs, hussards, cavaliers de remonte, chasseurs d'Afrique, spahis, artillerie, génie, train des équipages, gendarmerie.

Établissements pénitentiaires. — Ateliers des travaux publics, pénitenciers militaires.

Ecoles militaires. — Prytanée, école polytechnique, école spéciale militaire, école
d'application de l'artillerie et du génie, école supérieure de guerre, école d'application de
cavalerie, école d'application de médecine et de pharmacie, école d'administration, école
normale de gymnastique, écoles de tir, école militaire d'infanterie, école militaire de
l'artillerie et du génie, écoles militaires préparatoires d'infanterie, écoles militaires préparatoires de cavalerie et d'artillerie et du génie, orphelinat Hériot, école de santé.

Gestionnaires des approvisionnements spéciaux.

Chaque rapport de liquidation devra être rigoureusement arrêté au montant des droits
réels et constatés.

Deux cas peuvent se produire : 1º Les payements sont inférieurs aux droits constatés ;
— 2º Les payements sont supérieurs aux droits constatés.

Dans le premier cas, la somme à payer après liquidation devra être indiquée ci-des-
sous d'une manière apparente. — Dans le second cas, la différence entre les payements et
les droits constatés devra être justifiée par une déclaration de versement au Trésor. L'équi-
libre entre les payements et les droits constatés sera rétabli, par l'administration cen-
trale, conformément aux dispositions de l'article 83 du règlement du 3 avril 1869.

Somme restant à payer après liquidation ministérielle :

Après examen, l'Intendant directeur de l'intendance liquide ainsi qu'il suit les relevés ci-joints
produits par divers.

* TRIMESTRE 189 . *Détail des avances faites sur les fonds généraux de la caisse d'après les relevés (modèle n° 1 bis) ou les états des corps, des établissements pénitentiaires et des écoles, décomptés et mémoires joints au présent rapport.*

DÉSIGNATION des corps de troupe, des établissements pénitentiaires, des écoles militaires et des magasins administratifs.	DATES des relevés des dépenses.	NOMBRE DE PIÈCES JOINTES.	LIEUX de STATION ou d'emplacement.	1re CATÉGORIE.							2e CATÉGORIE. ENTRETIEN des approvisionnements spéciaux.					
				Valeur des effets expédiés aux prisons militaires.	Valeur des effets distribués aux officiers de la réserve ou de l'armée territoriale n'ayant pas reçu de première mise d'équipement ou ne provenant pas de l'armée active.	Moins-value des effets distribués aux adjudants de la réserve et de l'armée territoriale ne provenant pas des adjudants de l'armée active.	Indemnité pour conservation d'une tenue aux gendarmes de l'armée active passant dans la réserve ou dans l'armée territoriale.	Réparations aux ustensiles de campement.	Lavage et réparations des effets de couchage.		Frais de gestion et de bureau.	Achats d'ingrédients et objets nécessaires pour la conservation des effets.	Retouches, réparations et dépréciation du matériel de réserve; pertes et dégradations par cas de force majeure; valeur des effets de petit équipement distribués par les corps de la marine aux hommes venus de l'armée de terre.	Différence de prix entre les effets de modèle différent.		Secours accordés par le Ministre.
1	2	3	4	5	6	7	8	9	10	11	12	13	14	15	16	17
TOTAUX PARTIELS......																
TOTAUX GÉNÉRAUX.....																

3e CATÉGORIE.			4e CATÉGORIE.						MONTANT des COLONNES 5 à 26. — Sommes à admettre en liquidation.	SOMMES ORDONNANCÉES suivant le détail des mandats portés sur les relevés des dépenses.			DIFFÉRENCE.		OBSERVATIONS ET CONCLUSIONS du directeur de l'intendance.
Remboursement de la valeur des effets cédés aux établissements pénitentiaires.	Remboursement de la valeur des effets cédés aux corps de troupe relevant des départements de la marine et des colonies.	Remboursement des sommes versées indûment au Trésor.	Achats (a).		Livraisons d'effets par l'approvisionnement de corps à la réserve de guerre.	Confections.	Transformations.			Colonnes 5 à 21.	Achats. — Colonne 22.	Colonnes 23 à 26.	à ordonnancer par le Ministre.	à reverser par le créancier (corps de troupe ou établissement).	
18	19	20	21	22	23	24	25 26		27	28	29	30	31	32	33

(a) En ce qui concerne les corps de troupe, les chiffres à inscrire dans cette colonne ne peuvent provenir que de l'achat de certains effets indiqués au tableau n° 1 annexé au règlement du 16 nov. 1887-18 mars 1889, qu'ils ont été éventuellement autorisés à se procurer dans le commerce ou des effets qu'ils ont été chargés de faire confectionner avec des matières payées par eux.

LIQUIDATION MINISTÉRIELLE.

*Examen et proposition du bureau de l'habillement, du campement,
des lits militaires et des Invalides.*

Le directeur de l'intendance a admis la dépense totale pour la
somme de..
Le bureau de l'habillement, du campement, des lits militaires et
Invalides, propose de la liquider à.............................

DIFFÉRENCE en   ....

EXPLICATION SOMMAIRE DE CETTE DIFFÉRENCE.

	RÉDUCTIONS.	AUGMENTATIONS.
TOTAUX.............		
DIFFÉRENCE finale comme d'autre part, compensation faite de........................		

En conséquence, le bureau de l'habillement, du campement, des lits militaires et
Invalides, propose d'arrêter le présent rapport à la somme de

Paris, le   189   .

VU :

Le Sous-Intendant militaire de ^e *classe,*   *Le Chef de bureau,*
sous-directeur,

RÉSULTAT DE LA REVISION OPÉRÉE PAR LE BUREAU DU CONTENTIEUX.	DÉCISION DU MINISTRE.
VU : *Le Contrôleur de l'administration de l'armée, adjoint au directeur,* *Le Chef de bureau,*	

A LA MÊME LIBRAIRIE

Manuel de législation, d'administration et de comptabilité militaires, à l'usage des officiers et des sous-officiers de toutes armes ; par le lieutenant-colonel L. Beaugé, commandant de recrutement. 10e édition, *complètement refondue et mise à jour*. Paris, 1896, 2 forts vol. in-12...................... 14 fr.

Aide-mémoire des officiers des corps de troupe et du service du recrutement **pour les inscriptions à faire sur les registres matricules et les livrets**, d'après les documents officiels, suivi d'une notice contenant les additions et modifications survenues depuis l'impression jusqu'au 1er juillet 1897 ; par L. **Gueudet**, capitaine au recrutement de Châlons-sur-Marne. Paris, 1896, 1 vol. in-8.
2 fr. 50

Guide pour l'établissement et la vérification de la centralisation des corps ; par F. **Impériali**, officier d'administration adjoint de 1re classe des bureaux de l'Intendance. Paris, 1891, in-folio, avec tableaux, cartonné......... 6 fr. 50

Décret du 14 janvier 1889 portant **règlement sur l'administration et la comptabilité** des corps de troupe. Edition annotée et mise à jour, Paris, 1893. 1 vol. in-8... 3 fr.
Le même, format de théories................................. 1 fr.

Note ministérielle du 4 janvier 1897 modifiant l'Instruction du 14 mai 1893 et la Note du 1er août 1895 relatives à la **comptabilité des dépenses engagées.** Paris, 1897, in-8, texte et modèles................................... 1 fr.

Décret du 9 janvier 1896 portant règlement sur le **service du harnachement** dans les corps de troupe, suivi de l'Instruction pour l'application dudit décret. Modifié et complété jusqu'au 1er octobre 1896. Paris, 1896, 1 vol. in-8, avec modèles et tableaux... 1 fr.

Comptabilité en campagne (*Corps de troupe*). — Détachements de commis et ouvriers d'administration et d'infirmiers militaires. Edition refondue. Paris, 1897, Broch. in-8... 50 c.

Habillement en temps de guerre. — Instruction ministérielle du 6 décembre 1889 sur le service de l'habillement dans les corps de troupe en temps de guerre. Edition annotée et complétée. Paris, 1897. Broch. in-8................... 50 c.

Tarifs de solde (Décret du 27 décembre 1890), mis à jour jusqu'au 15 septembre 1896. Paris, 1896. Broch. in-8 avec tableaux...................... 1 fr.

Règlement du 1er août 1896 sur le **service de la remonte générale à l'intérieur.** Paris, 1896, 1 vol. in-8 avec modèles........................ 1 fr.

Décret du 15 août 1896 portant règlement sur la **remonte des officiers et assimilés** de tous grades et de toutes armes. Paris, 1896. Broch. in-8 avec modèles.. 75 c.

Instruction ministérielle du 24 janvier 1896 relative à la désignation, aux attributions et au fonctionnement des **officiers d'approvisionnement.** Paris, 1896. Broch. in-8 avec tableaux et modèles........................... 1 fr.

Instruction du 31 mars 1897 sur l'**alimentation** pendant les transports en chemins de fer et sur l'organisation et le fonctionnement des **stations haltes-repas.** Paris, 1897. Broch. in-8...................................... 75 c.

Instruction ministérielle du 6 avril 1897 sur le **fonctionnement des infirmeries de gare** et l'**alimentation** pendant les transports d'évacuation par **voies ferrées.** Paris, 1897. Broch. in-8 avec modèles................. 60 c.

Réquisitions militaires. Edition refondue, conforme aux textes officiels et comprenant la loi du 3 juillet 1877, la législation, les décrets, instructions, etc., qui l'ont modifiée jusqu'au 5 août 1896. Paris, 1896. Broch. in-8 de 93 pages avec modèles.. 75 c.

Paris. — Imprimerie L. Baudoin, 2, rue Christine.